這本書的小主人 _____

小小色彩藝術家❷
奇幻e術展

AI科學玩創意

編者的話

　　Meta 公司與 Facebook 創辦人馬克‧祖克柏（Mark Zuckerberg）曾說：「我們總是可以積極創新，成就更多。」在這個科技日新月異的時代，要培養孩子適應快速變動的環境，成為不斷自我充實的學習者，最新的教育素養——STEAM 教育（科學、技術、工程、藝術、數學）應運而生。

　　STEAM 教育除了鼓勵跨領域學習外，更重視引導孩子建立邏輯思維，鍛鍊出運用所學、所知於日常生活的能力。而在這個時代，資訊科技便是孩子觀察世界、思索疑問的好工具。因此，本系列產品從生活化的故事場景展開，旨在陪伴孩子探索身旁的多元資訊，進而學習透過自身的觀察，對目標提出合理假設，最終運用電腦編程來驗證假設、實踐目標。

　　〈奇幻 e 術展〉在故事與知識上皆延續〈奶奶家遊記〉的脈絡，透過主角參與藝術展的經歷，展現自然原理落實為生活科技的過程。除了從「光與色彩」到「圖像應用」的思維轉換，更進一步在「看」與「被看」中，揭示電腦視覺的邏輯基礎。讓孩子透過層層遞進的方式剖析生活見聞、提煉知識並實際應用，即是我們編撰的目標。

　　【AI 科學玩創意】運用可愛、有趣的元素，展現深入淺出的生活科學原理；以嚴謹但不嚴肅的基調，引導孩子在日常生活中建構條理分明的電腦邏輯思維，讓小讀者們在舒適的閱讀過程中汲取新知、親手編程，厚植邁向 AI 新時代的關鍵「資訊力」。

特色

故事為中心，讓知識融入生活

以小波一家人的登場為開頭，藉由孩子天真發問的口吻，點出生活現象背後隱含的知識與原理，在引導小讀者進行邏輯思考的同時，更能和自身生活環境結合，增加自主學習的熱情，培養見微知著的觀察力。

循序漸進的說明方式，包羅萬象的內容呈現

書中透過小波和莉莉對生活環境的觀察，進一步延伸到科技上的應用、思考，讓小讀者能從熟悉的生活經驗出發，在閱讀過程中一步步拓展、發掘未知的學習領域，探究知識與科技的美好。

跨領域多元學習，培養多重能力

本產品以國際風行的「**STEAM**」教育為核心，內容結合自然科學、資訊科學、數學、藝術、語言、文化、道德等多元素養，幫助孩子建立跨領域思維，訓練邏輯思考、閱讀及理解能力。

目錄

人物介紹

媽媽
學校教師，年齡約 40 歲左右，
個性細心、平易近人。

爸爸
學校教師，年齡約 40 歲左右，
個性溫文爾雅、有耐心。

爺爺
70 歲，和藹可親的長者，
住在鄉下。

亞特
導覽機器人。

奶奶
70 歲，很有智慧的長者，
住在鄉下。

小波
7 歲的小男孩，
喜歡科學、充滿好奇心。

莉莉
4 歲的小女孩，
活潑可愛。

幻彩燈光特展

幻彩燈光特展

博物館是座古色古香的建築，小波和莉莉迫不及待想要好好參觀。因此特地早起梳洗完畢，等大家都吃完早餐後，媽媽便開車載著大家直奔市區。

但小波一家人今天的主要行程是參觀限時舉辦的「幻彩燈光特展」，當他們來到入口時，立刻就被閃亮的招牌吸引了注意力。

「在那裡！」小波興奮地指著發光的招牌說：「我們快過去吧！」 媽媽依照小波的指示，輕輕轉動方向盤，將車子駛向通往特展館的車道。

當他們逐漸接近招牌時，莉莉突然說：「好奇怪喔！為什麼招牌上的字，近看就不見了，還變成一個個小亮點呢？」

幻彩燈光
特展

爺爺聽了，笑著說：「莉莉，你真是觀察入微！關於這個問題，你可以先想一想，昨天下午你跟奶奶一起到房子外面寫生的時候，你們兩人都畫了些什麼，又是怎麼畫呢？」

「我和奶奶都畫門口的花！不過，我們畫的方式不一樣，我會先用線畫出花瓣的形狀，再塗顏色；奶奶都不畫線，她直接用畫筆點了好多小點，就變成花的樣子了！」莉莉回答。

小波問：「爺爺，招牌上的字和畫花有什麼關係呢？」

「不管是文字，還是花朵，都算是一種『圖形』喔！」爺爺說：「而每一種圖形，最初都是從一個『點』開始的。你想想看，當奶奶在白紙上畫下第一筆時，筆尖是不是會在紙上形成一個『點』呢？許多『點』連在一起，就能變成一條『線』；而莉莉用筆來回畫線，塗滿花瓣的顏色，就是一個『面』啦！」

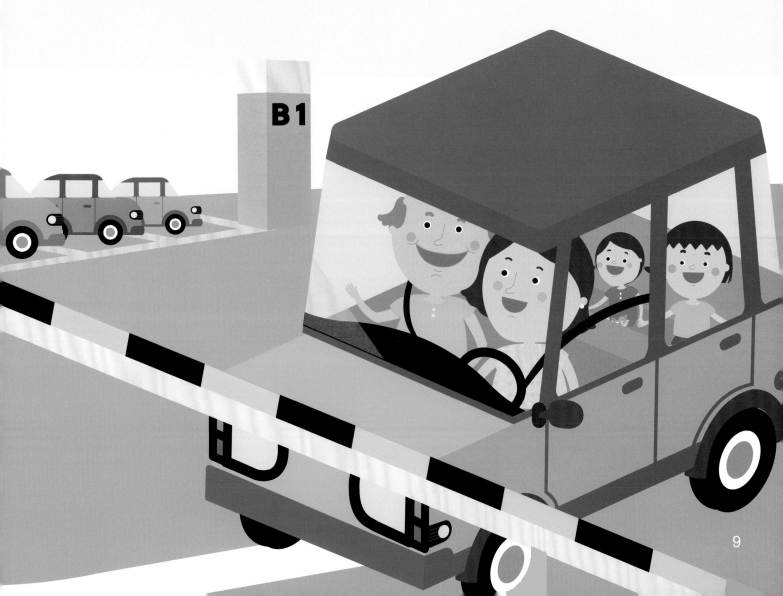

9

科學放大鏡

圖形點線面

點

小朋友，你喜歡畫畫嗎？要用畫筆描繪所見、所想的事物，通常需要表現出這個事物的形狀和結構，例如：花有花瓣、莖和葉子等等。不論我們是畫線勾勒出葉子的形狀再塗顏色，或直接將紙上的一個區塊塗滿綠色，代表葉子，最初都是從「一個點」開始下筆的。

圖形最初、最基本的結構單位，沒有大小之分。除了筆尖畫出的一點，我們還可以用一個指印、一個瓶蓋、一片瓷磚，甚至是讓操場上的一個人當成一點！

用蓋指印的方式，畫出聖誕樹的樹葉！

近距離觀察這幅描繪花叢的油畫，就會發現花朵和綠葉並沒有用線勾勒出形狀，而是畫家使用不同顏色，一筆一筆直接「點」出來的。

線

當我們在紙上拖動畫筆，畫出一條線時，就像是一邊移動畫筆，一邊不斷在紙上點下筆尖的那一點。因此，「線」可以視為無限個點所連成的圖形。

面

當我們在塗顏色時，時常是拿著畫筆來回畫線，直到塗滿紙面上的一個小區塊。因此，一個面也可以看成是無數條線所組成的圖形。

成排的汽車緊密相鄰，從空中看起來就像一個個雜色的長方形。

排成一隊的人，看起來就像一條線。

一條條的木板，拼成一片木圍籬。

將水鑽貼飾一個一個黏貼在手機殼的過程中，就能觀察「點連成線」的變化。

11

大家在停車場下了車，搭乘電梯直達位於二樓的展場。剪票入場後，兄妹倆立刻被五彩繽紛的畫作牆吸引了。

莉莉說：「這些畫都是小方塊組成的，好像奶奶的十字繡，也好像學校圍牆上的馬賽克喔！」

小波則來回看其中兩張畫，皺起眉頭說：「為什麼這兩張畫的都是狗，但是一張看起來比較模糊，另一張卻比較清楚呢？」

這時，有一個機器人走了過來向大家打招呼：「大家好，我叫亞特，是這裡的導覽機器人。你們是不是想問有關『像素牆』的問題呢？」

「哇！」小波驚嘆：「你怎麼會知道我們想問問題呢？」

「『像素牆』是這面牆的名字嗎？什麼是『像素』呢，亞特？」莉莉接著問。

「這些問題我可以一起回答！」亞特充滿自信地說：「不過，讓我們先一起到互動體驗區玩個小遊戲，順便認識『像素』到底是什麼吧！」

13

科學放大鏡 亞特的 像素 大挑戰！

這裡有兩個大小一樣的正方形畫框，還有兩種不同大小的正方形色紙，讓我們選一種色紙，試著在畫框裡排出愛心的圖案吧！

莉莉的愛心

小波的愛心

我選大張的色紙，總共用了 **11** 張！

我選小張的色紙，總共用了 **62** 張！

你發現了嗎？

同樣大小的畫，莉莉用大的正方形色紙去排列愛心，用到的色紙數量較少，愛心的形狀較模糊；相反地，小波選擇了小的正方形，用到的色紙數量多，愛心的形狀較清楚。

這些色紙，可視為「像素」，也就是構成一個圖像的最小單位。

圖片的像素與解析度

　　像素又稱為「畫素」，翻譯自英文「Pixel」，指的是「影像的元素」。就像我們拼貼馬賽克的每一片小瓷磚、組裝玩具城堡的每一塊積木，或畫水彩畫時的每一筆，電腦在處理圖像資料時，便是以像素當作最基本的一個「點」。

　　固定範圍中的像素數量稱為「解析度」，從小波和莉莉排列愛心的過程中，可以知道，解析度越高（像素越多），圖案就越清晰。

科學
放大鏡

猜猜看，照片中的圖案是什麼呢？
如果你看不出來，試著把書本拿遠一點……
啊！原來是鼻子和嘴巴！

百變 Pixel：哪一種像素？

　　小朋友，你是否曾在使用電腦時，從某個角度看見螢幕突然出現一些彩虹似的條紋？

　　試著用手機或數位相機拍一張螢幕的照片，並且不斷放大，你會發現照片中的螢幕上有無數個方形小光點（而且每個都能再分成紅、綠、藍三個更小的點），排列成螢幕上的各種影像。

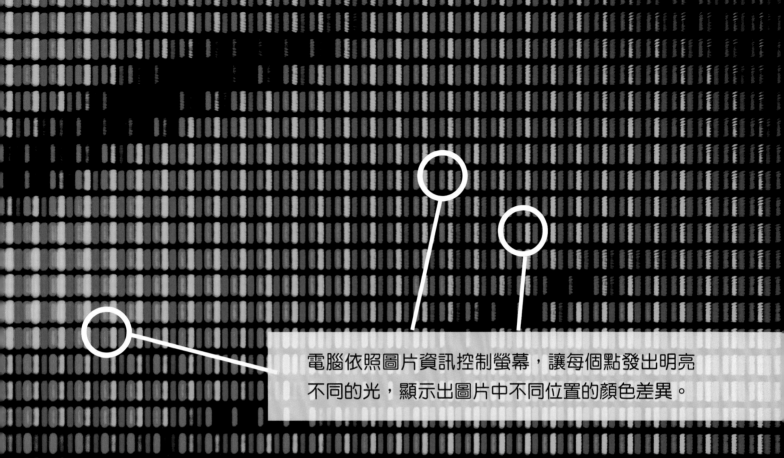

電腦依照圖片資訊控制螢幕，讓每個點發出明亮不同的光，顯示出圖片中不同位置的顏色差異。

　　這些小光點也就是像素，但和可以改變大小、數量的「圖片像素」不同，而是「螢幕像素」，也就是顯示器裡面的微小發光元件。當螢幕在工廠製造完成時，螢幕像素的數量和大小就已經固定下來了，因此螢幕本身的解析度也是固定的。

　　我們知道，電腦是以數字的方式來處理任務、儲存資料，就算是圖片也一樣。電腦會把一張圖片的每個像素位置、顏色轉換成數字後儲存起來，再依照這些數字資訊，讓相對應的螢幕像素發出正確顏色的光，就能像拼貼馬賽克磁磚一樣，讓圖片出現在螢幕上了。

　　完成「像素大挑戰」後，小波興奮地揮舞著手中的色紙說：「我懂了！
這兩張畫的解析度不一樣，才有模糊和清楚的差別！」

　　亞特滿意地點點頭，說：「沒錯！這面『像素牆』，就是專門用來
展示像素風格的『像素畫』喔！」

　　「我現在知道『像素』是什麼了，」莉莉還是一臉疑惑，「但是亞特，
這和你知道我們想問問題有什麼關聯呢？」

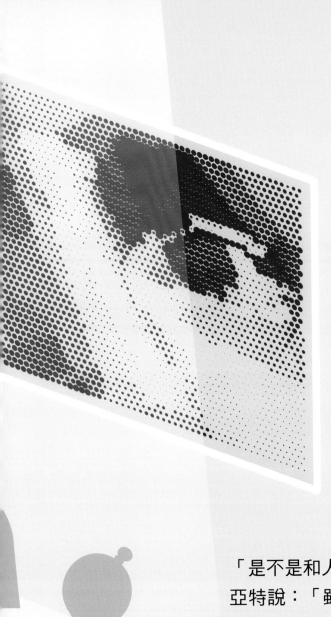

「當然有啊！」亞特俏皮地眨了眨眼，指著自己的眼睛說：「我一看你們臉上疑惑的表情，就知道你們可能有問題需要解說！不過，你們知道機器人是怎麼『看』東西的嗎？」

「是不是和人類一樣，用眼睛看呢？」莉莉說。

亞特說：「雖然我的眼睛是攝影鏡頭做的，不過能讓我看見東西的『視覺』原理，和人類很類似喔！」

小波抓抓頭，問：「『視覺』聽起來好複雜喔！難道不是只要有眼睛就可以看見東西了嗎？」

「不管是眼睛還是鏡頭，都算是一種接收器，負責『取得』外界的資訊，」亞特解釋道，「但這些資訊還需要經過大腦或電腦的『處理』，才會轉變成『看見東西』的『視覺』喔！」

靈魂之窗 與 電腦視覺

眼睛被稱為「靈魂之窗」，說明了眼睛在視覺系統中扮演的角色：捕捉環境中的光線，讓外部的資訊進入身體內部。

不過，眼睛只是複雜視覺系統的一環。當這些光線資訊進入眼睛，引起視網膜反應後，還要隨著視神經傳到腦部處理，才能建構出我們看見的一切。

大腦接著再判斷這個視覺資訊的意義，例如：「是不是看過類似的東西？」、「這個東西是否有危險？」等等。

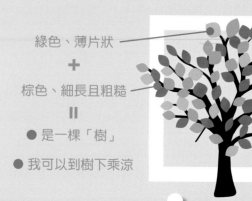

綠色、薄片狀

＋

棕色、細長且粗糙

＝

● 是一棵「樹」

● 我可以到樹下乘涼

5. 依據經驗進行判斷、行動

4. 大腦處理資訊、產生視覺

1. 觀看物體

2. 視網膜成像

3. 視神經傳遞

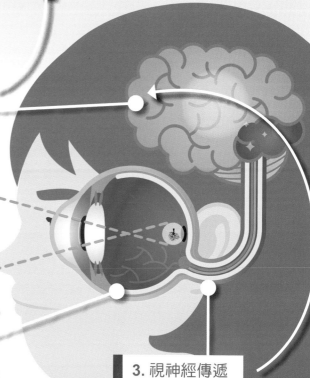

圖像中的像素排列

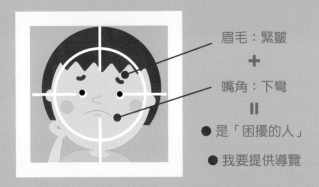

眉毛：緊皺
+
嘴角：下彎
＝
● 是「困擾的人」
● 我要提供導覽

符合辨識目標：人臉

3. 依據事先設定的程式分析、行動

為了讓機器人也具備「看」東西的能力，我們可以模仿人類的視覺原理，利用相機、攝影機等設備當它的眼睛，來取得環境中的圖像資訊。

接著，再將鏡頭拍攝下來的照片、影片輸入電腦，就可以依照圖像中像素的排列方式開始分析。例如：「資料庫裡面，是不是有儲存類似排列方式的圖片？」、「收到資訊後，應該執行什麼動作？」等等。

如此一來，機器人就擁有了類似人類視覺的能力，稱為「電腦視覺」（**Computer vision**）。

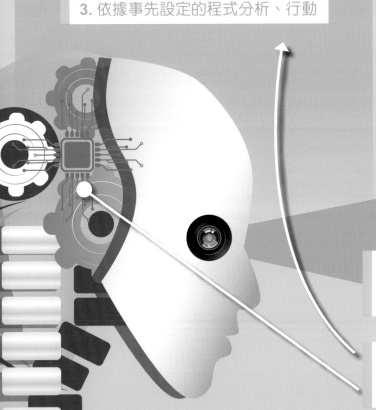

1. 鏡頭拍攝周遭環境
   取得圖像資訊

2. 將圖像資訊傳送至
   電腦進行處理

「沒想到『電腦視覺』這麼神奇！」莉莉忍不住讚嘆。

亞特點頭同意，補充道：「除了人臉辨識之外，也時常用來辨識車牌號碼，控管車輛進出停車場喔！」說完，它便帶領大家繼續參觀其他有趣的展覽品。

展場裡到處都是會發光、變色的新奇展覽品，加上亞特有趣又詳細的解說，令小波一家人深深陶醉在這個「幻彩燈光」世界中。

展覽很快就到了尾聲，小波一家準備離開了。亞特將兩張格子紙卡分別交給小波和莉莉，說：「只要用『像素大挑戰』的方式，在格子上塗顏色，排列出名字和喜歡的圖形，離開時就會在門口發現一個小驚喜喔！」

　　兄妹倆聽了，立刻興奮地塗了起來，並將紙卡交給一旁的工作人員。隨後，大家依依不捨地向亞特道別，走向出口。

　　就在這時，出口的跑馬燈突然顯示了「小波再見！」、「莉莉再見！」兩則訊息。兄妹倆看見自己的名字出現，開心得又叫又跳，高喊：「這場展覽真是太酷了！」

回家的路上，大家一邊欣賞沿途美景，一邊討論著亞特和各種神奇的展覽品。最後，四個人一致表決「名字跑馬燈」最令人印象深刻。

莉莉陶醉地說：「要是我的房間門口也有一個小小的跑馬燈就好了！這樣就能顯示我的名字，表示那是我的房間！」

「我也這麼想！」小波說：「而且，當我待在房間裡時，就顯示綠色打勾圖案；我離開房間時，就顯示紅色打叉圖案！」

「那有什麼問題！」爺爺說：「我的倉庫裡有一些木板，只要裝上許多小小的燈，就能當作一個訊息顯示板啦！」

　　媽媽也說：「是呀！你們和爺爺完成訊息顯示板後，再請派奇幫忙控制燈光，就能顯示喜歡的文字和圖像，放在房間門口囉！」

　　小波和莉莉聽了，立刻拍手贊成：「這個主意太棒了！等我們回到家就開始做吧！」

實作模組材料準備及安裝

01
02

十顆 LED 燈 x5

連接線 5cm x4

連接線 20cm x1

AAA 電池 x4
（需自備）

小拍

電池盒

將 **4** 顆電池按照正、負極，放進電池盒裡。

02

依照插頭方向，將電池盒上的電線接到小拍的 **02** 槽。

ePy0003F1-ED

www.easy-py.net 要求配對

ePy_0003F1-ED

開啟電腦藍牙，並搜尋和小拍符合的號碼，確認電腦和小拍是否成功連線。

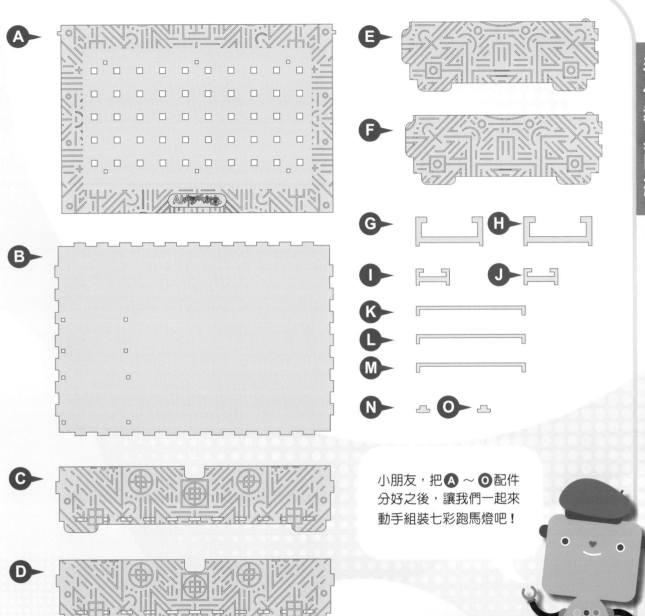

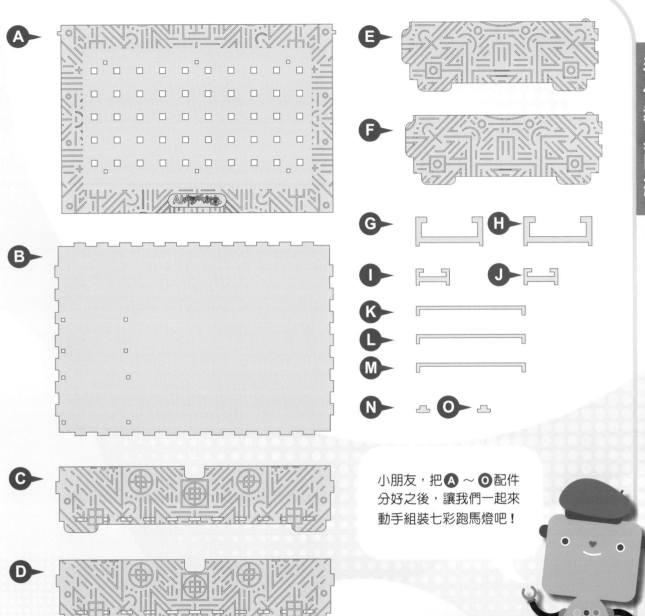

A

B

C

D

E

F

G   H

I   J

K

L

M

N   O

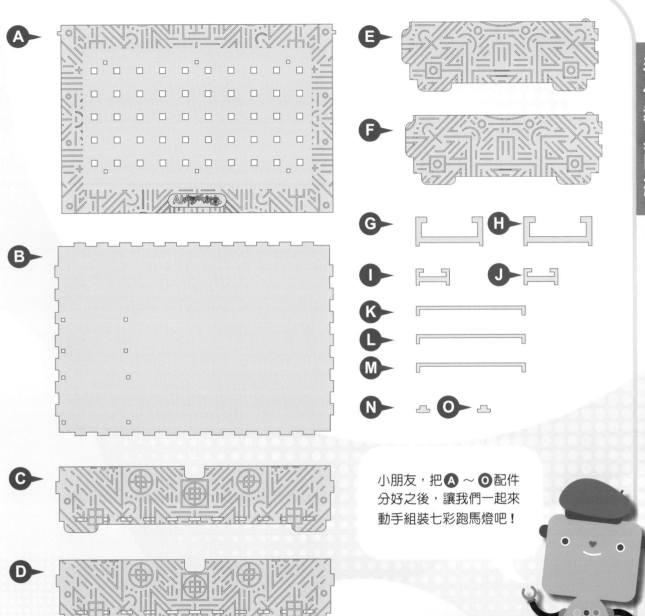

小朋友，把 A ～ O 配件
分好之後，讓我們一起來
動手組裝七彩跑馬燈吧！

手作教具明細

27

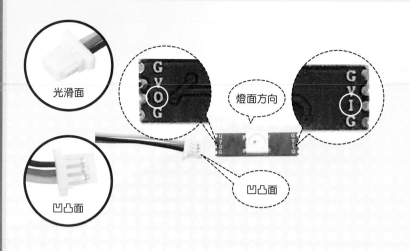

光滑面

燈面方向

凹凸面

凹凸面

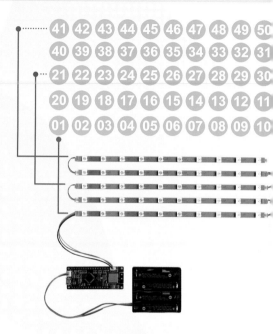

組裝燈號順序

◆ 每一條連接線有兩端,每一端的插頭有兩面:光滑面及凹凸面。

◆ 凹凸面及燈面方向須朝同一側。

◆ 連接 LED 燈時,連接線從 I 端(Input 輸入)接入,由 O 端
  (Output 輸出)接出,再接入下一個 LED 燈的 I 端,以此類推。

◆ 連接小拍 01 槽的連接線,須接入 LED 燈的 I 端。

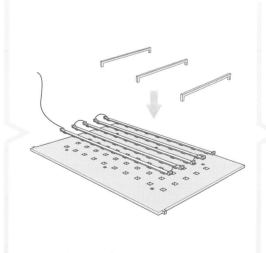

依圖示將燈條固定到位置上

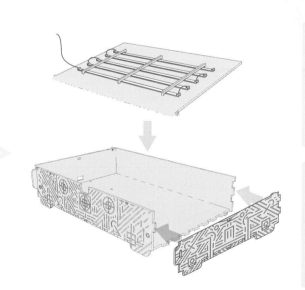

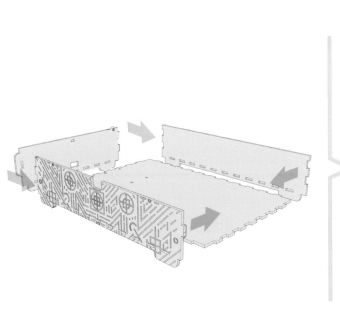

組裝木盒

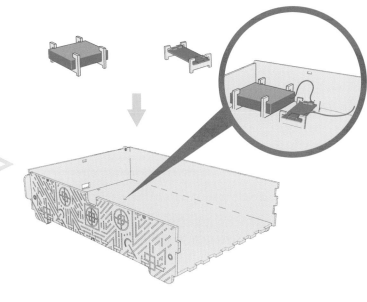

依圖示將電池盒和小拍固定在位置上

組裝
完成

哇！總共有 **50** 個小燈耶！等這個訊息板亮起來之後，放在房間門口一定很可愛！

不過，有這麼多燈，應該怎麼做才能讓燈光呈現出我們想要的圖形呢？

我知道！哥哥，亞特不是有給我們一張格子紙嗎？我們可以像那樣先把圖案在紙上畫出來，再按照格子的位置來點亮小燈！

莉莉，你真聰明！剛好我有一些白紙，你去拿尺來，我們先按照燈光排列的方式來畫出 **50** 個格子吧！

完成了！我要放我的英文名字！
而且我想讓名字從右邊跑出來！

我也完成了！我畫了
兩張，把勾勾和叉叉
都畫出來囉！

你們的圖案設計都很棒耶！接下來我們就
可以開始進行「亮燈任務」囉！不過，在
那之前，要請你們先構思出「演算法」，
才能順利和小拍溝通，請它幫忙亮燈喔！

別急，讓我慢慢
說給你們聽！

演算法又是什麼呢？

派奇，小拍
是誰呀？

科學放大鏡 演算法

小朋友，當你來到這棟 3 層樓的百貨幫忙跑腿時，
你會怎麼完成任務呢？

跑腿清單：

到電器行買特價乾電池

到超市買牛奶和雞蛋

到服飾店領取修好的鞋子

NEW COLLECTION!

GROCERIES

當然是依照順序，先從最近的 1 樓開始！買完牛奶和雞蛋後，到 2 樓買電池，最後領鞋子！

小波的演算法：
「最快完成任務」
1F → 2F → 3F

Milk

小波

我的力氣小，所以會先到 2 樓買最輕的乾電池，接著去 3 樓領鞋子，最後才到 1 樓買比較重的牛奶和雞蛋！

莉莉

莉莉的演算法：
「搬東西較輕鬆」
2F → 3F → 1F

完成任務的方式

當我們想要完成任務時，會根據自己的判斷來構思達成目標的步驟。對電腦來說，這些步驟就稱為「演算法」。

小波和莉莉面對相同的跑腿任務，卻有不同的做法，但只要能順利達成目標，都是成功的演算法，正確的解答並非只有一個。

不過，電腦的思考方式和人類有所不同，當我們將演算法輸入電腦後，不一定每次都能成功做出預期中的結果。因此，需要不斷測試、改良，才能找到最適合的做法。

任務幫手——小拍！

在派奇的體內有一個「主機板」——小拍，它能夠處理我們輸入的指令，依照設定好的演算法來執行各式各樣的任務。

只要我們使用「PyCode」來和小拍溝通，就可以做出千變萬化的燈光效果喔！

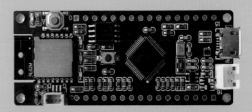

▲ 主機板 - 小拍

PyCode

33

一起來 PyCode！

PyCode 是基於 **Google** 開發的 **Blockly** 為孩子量身打造的程式編寫工具，也是孩子學習 **Python** 的啟蒙基礎，讓孩子透過方塊指令，輕鬆和電腦開啟對話。

PyCode 是一種色彩繽紛的圖像化程式語言，只要依照規則，像拼圖一樣組合指令方塊，就能讓小拍做出我們構想的燈光效果！

功能模組

程式完成後，使用者必須按下這個按鈕才會開始運作

PyCode
功能   執行   檔案夾

延伸功能

語　言：
選擇介面呈現的語言
主機板：
選擇目前要使用的主機板

邏輯
迴圈
數學
文字
列表
顏色
變數
函數
主機板
應用

開啟先前儲存的檔案

儲存檔案

一次清除所有在編輯區的程式

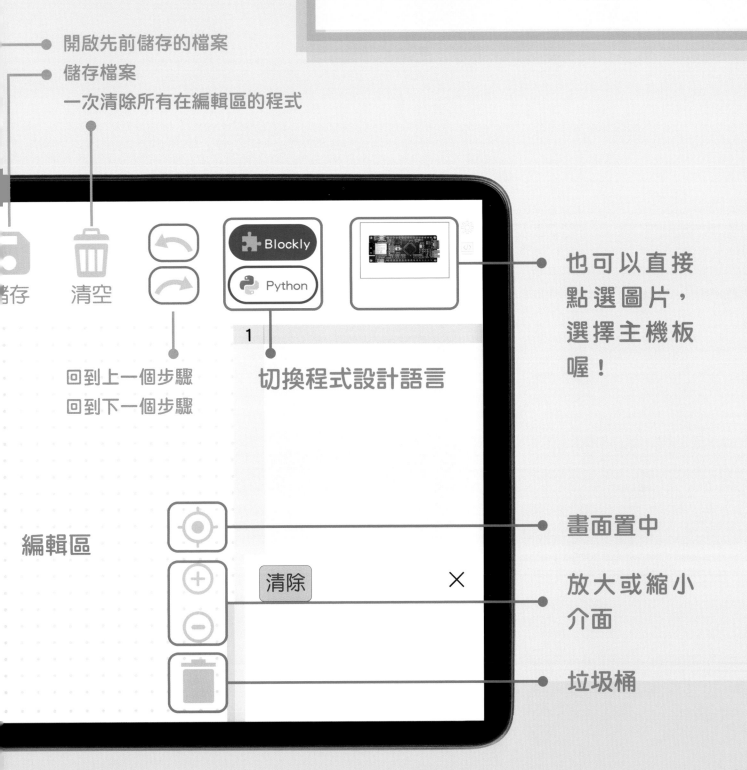

存

清空

回到上一個步驟
回到下一個步驟

Blockly

Python

1

切換程式設計語言

編輯區

清除   ×

也可以直接
點選圖片，
選擇主機板
喔！

畫面置中

放大或縮小
介面

垃圾桶

認識 PyCode 指令

彩色燈、顏色、**等待、迴圈**

　　小波和莉莉打開 **PyCode** 程式，迫不及待地想要依照紙卡，讓對應的燈光亮出自己喜歡的圖案。派奇告訴他們，如果想要請小拍點亮某個燈，就必須先知道這個燈的編號。但是，兄妹倆正要開始數編號，就遇到了一個大問題！

▶ **1 號燈在哪裡？**

我平常都是從左邊開始、往橫的方向數！所以，**1** 號燈應該在這裡才對！

莉莉的數法

小朋友，你認為 1 號燈在哪裡呢？小波和莉莉誰的數法才正確呢？其實，這兩種數法都可能是正確的，但也可能都不正確喔！
先來學習讓 1 號燈亮起綠色燈的方法，做個小實驗，馬上就會知道結果如何囉！

這些燈排得好整齊，看起來就像稿紙的格子！所以我想像寫作文一樣從右邊開始往直的方向數，選這裡當 1 號燈！

小波的數法

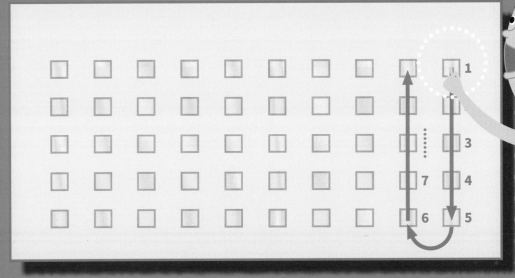

點亮 1 號燈

首先，點選 **PyCode** 左側列表中的 🖥 主機板 ，再點選 💡 LED燈 。

所有能控制 **LED** 燈的指令方塊都在這個分類當中，請從中找出與圖示相同的方塊，並拉到右側編輯區。

當彩色燈方塊的號碼、顏色都設定完成，並且和 開啟 組合完成後，就可以按下工具列的「執行」按鈕，請小拍亮燈啦！

實際測試試看，你是不是成功找出正確的 **1** 號燈，並亮起自己喜歡的顏色了呢？

因為燈光的編號並不是依照我們的喜好決定的，而是取決於小拍連接彩色燈的方式。小拍會依照「遠近順序」幫每個彩色燈編號，最靠近小拍的是「彩色燈 1」，接著就是 2、3、4……最多能連接 64 個彩色燈！

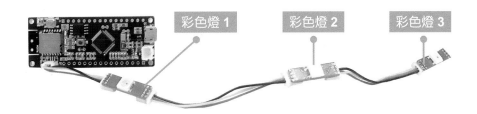

小拍與 1 號燈

我懂了！要找到 1 號燈，首先要知道小拍在哪裡！

原來我和哥哥連接小拍和 LED 燈的位置不一樣，燈號位置也不一樣！

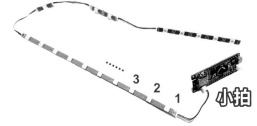

小朋友，只要了解計算燈號的正確方式，就算你連接的 LED 燈泡數量不同，或是排列的方式和小波、莉莉不一樣，都能依照順序數出每一個燈的燈號喔！

3 2 1 小拍

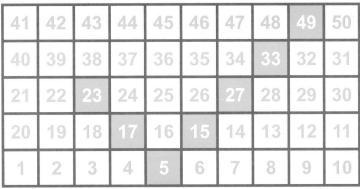

41	42	43	44	45	46	47	48	49	50
40	39	38	37	36	35	34	33	32	31
21	22	23	24	25	26	27	28	29	30
20	19	18	17	16	15	14	13	12	11
1	2	3	4	5	6	7	8	9	10

確定燈號後，可以把數字填到準備好的表格上，就能清楚知道應該點亮幾號燈囉！

1	2	3	4	5	6	7	8	9	10
20	19	18	17	16	15	14	13	12	11
21	22	23	24	25	26	27	28	29	30
40	39	38	37	36	35	34	33	32	31
41	42	43	44	45	46	47	48	49	50

想想看，你還能排出什麼形狀呢？比方說，這 50 個燈也能排成長長的一直線喔！

41

▶ 沒有我喜歡的顏色，怎麼辦？

　　了解燈號的排列順序之後，喜歡畫畫的莉莉興致勃勃地想為彩色燈 1 選擇一個美麗的紫色。不過，色彩選單中的紫色，她都不喜歡……

派奇，還有沒有其他顏色可以選呢？

當然！我們可以用三原色光來調自己喜歡的顏色！

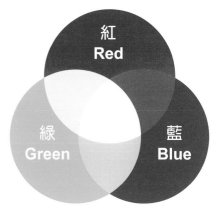

紅
Red

綠
Green

藍
Blue

　　在程式中，是透過調整紅、綠、藍三原色光的強弱，依據「加色法」原則來混合出各種顏色。光線強弱依照 **0 ～ 100** 間的數值大小來區分，數字越大光線就越強。

　　小拍也是一樣，只要用 **PyCode** 分別設定三種色光的數值大小，讓小拍知道哪種色光強一些、哪種弱一些，就能調出自己喜歡的顏色囉！

點選左側列表中的 顏色 ，找出設定三原色數值的方塊：

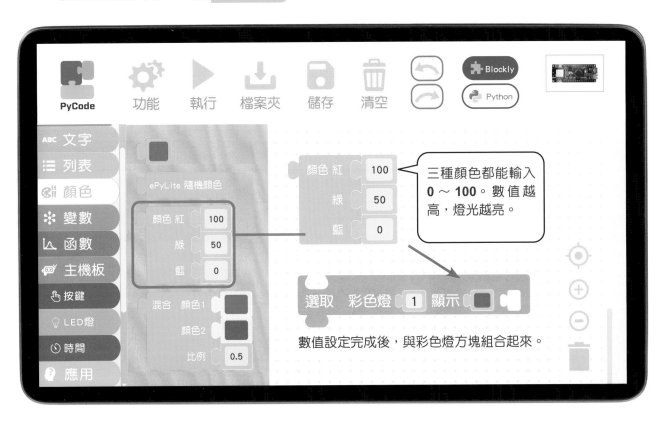

三種顏色都能輸入 **0 ～ 100**。數值越高，燈光越亮。

數值設定完成後，與彩色燈方塊組合起來。

太棒了！我喜歡這個紫色！小朋友，你喜歡什麼顏色呢？試著用燈光調出你喜歡的顏色吧！

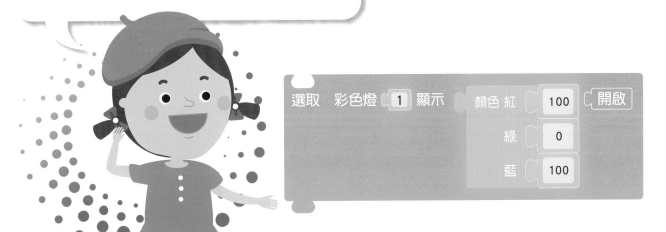

通通亮起來

派奇，現在我們了解怎麼點亮1個燈了！不過，如果想一次點亮這4個燈，該怎麼做呢？

1	2	3	4	5	6	7	8	9	10
20	19	18	17	16	15	14	13	12	11
21	22	23	24	25	26	27	28	29	30
40	39	38	37	36	35	34	33	32	31
41	42	43	44	45	46	47	48	49	50

只要依照相同方式，多做幾個彩色燈方塊，再往下拼接起來就行囉！舉例來說，你想要一次點亮這4個燈，可以這樣做！

每個 PyCode 方塊都代表一項給小拍的指令，而小拍會依照「上到下」的順序來完成指令。因此，實際上小拍是先點亮了 1 號燈，接著才是 2 號、3 號、6 號燈。不過，小拍的動作很快，看起來就像是 4 個燈同時亮起來！

除此之外，還可以利用「陣列彩色燈」來一次控制多個彩色燈：

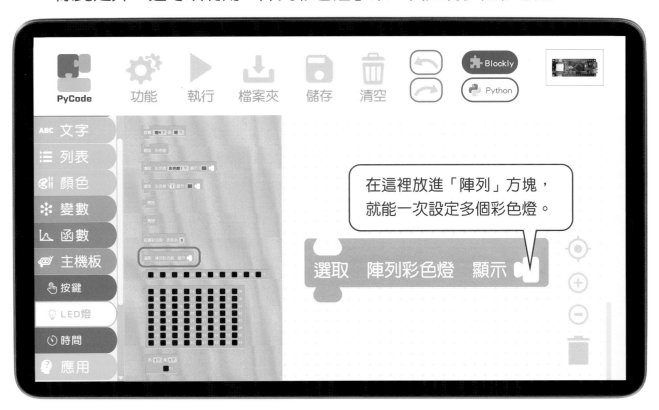

在這裡放進「陣列」方塊，就能一次設定多個彩色燈。

各式各樣的陣列方塊

黑色的空格點選後就可以設定顏色。
選擇黑色的話，便是關閉這個彩色燈。

可以同時設定 1 ~ 10 號燈

可以自己設定要控制多少燈

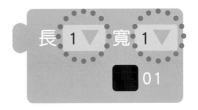

將這個方塊拉到編輯區，設定好長、寬數字後，就會產生對應大小的陣列方塊，裡面含有長寬相乘的總燈數。

陣列長寬自由配

當我們使用「自訂陣列方塊」的組合來設定彩色燈的個數時，可以根據個人習慣，或是依照要設定的總燈數，來調整最適合的長、寬數字。

 長3寬2 的陣列 ▶

 長2寬3 的陣列 ▶

舉例來說，想一次設定 1 ～ 6 號燈，就能設定出這兩種長、寬不同的陣列。

▶ 燈光怎麼閃？

派奇，你看！我一次點亮了這 8 個燈！我想讓這些燈像藝術特展的招牌一樣閃閃發亮，應該怎麼做呢？

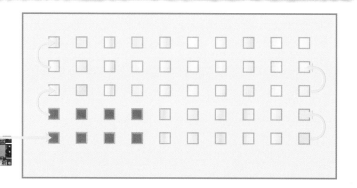

我知道！因為 6 可以分成 2X3，也可以分成 3X2！

我知道！因為 6 可以分成 **2X3**，也可以分成 **3X2**！

1X6 和 **6X1** 也可以呀！用陣列彩色燈改成這樣做，一次開4個燈就方便多了！

選取	彩色燈 1	顯示		開啟
選取	彩色燈 2	顯示		開啟
選取	彩色燈 3	顯示		開啟
選取	彩色燈 6	顯示		開啟

▶

選取　陳列彩色燈　顯示　　長 1 ▼ 寬 6 ▼

01
02
03
04
05
06

莉莉，「閃爍」的燈光效果，是人類看起來的樣子。但是，對我和小拍來說，燈光只有分成「開」和「關」兩種情況喔！想想看，應該怎麼利用開和關，來做出燈光閃爍的效果吧！

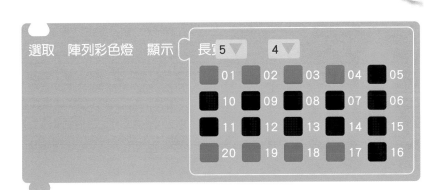

選取　陳列彩色燈　顯示　　長寬 5 ▼　　4 ▼

01 02 03 04 05
10 09 08 07 06
11 12 13 14 15
20 19 18 17 16

燈光怎麼閃？

　　派奇用「眼睛投影機」播放了手電筒燈光閃爍的影片給小波和莉莉看。他們將影片的播放速度調整得非常慢，仔細觀察，發現「閃爍」效果其實是燈光不斷快速「開」、「關」的結果。

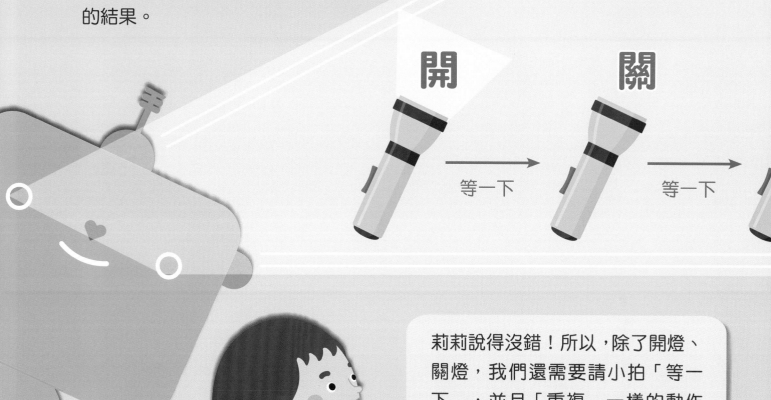

開　　　　　　　關

等一下　　　等一下

莉莉說得沒錯！所以，除了開燈、關燈，我們還需要請小拍「等一下」，並且「重複」一樣的動作好幾次。如果想要先用 1 號燈來練習做出像手電筒一樣的閃爍效果，該怎麼做才好呢？

我懂了！手電筒開燈之後，先等了一小段時間才關燈。
連續重複好幾次，就能做出「閃爍」的效果！

開 關 開 關

等一下 等一下 等一下

預測

小波應該如何編寫 Pycode，才能讓 1 號燈做出閃爍效果？

重複 3 次

PART1 實驗

學習新的 PyCode 方塊，改良預測作法

首先，讓我們用 ⏱ 時間 分類裡的「等待」方塊，請小拍等一等吧！

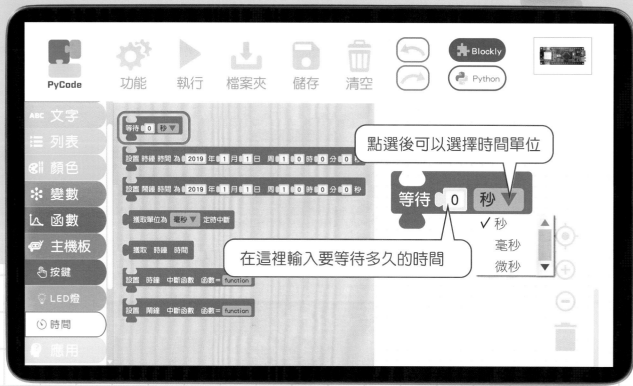

點選後可以選擇時間單位

在這裡輸入要等待多久的時間

現在我知道怎麼做出讓 1 號燈像手電筒一樣閃爍一次的 PyCode 方塊囉！

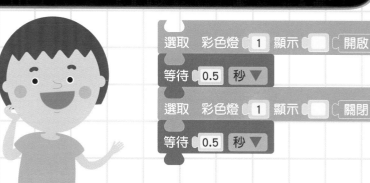

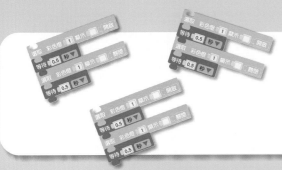

接下來，只要把相同的方塊組合重複做 **3** 次，然後拼接起來就可以了吧？

沒錯！不過，當重複的次數變多時，這麼做就會變得很麻煩囉！來試試 ○ 迴圈 功能吧！它能自動重複執行相同的指令！

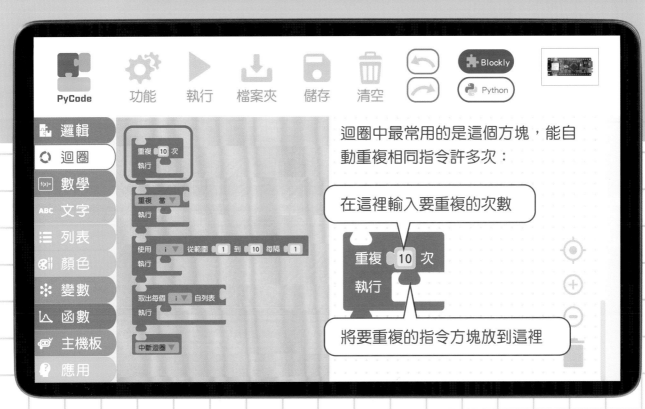

迴圈中最常用的是這個方塊，能自動重複相同指令許多次：

在這裡輸入要重複的次數

重複 10 次
執行

將要重複的指令方塊放到這裡

PART 2 實驗

測試改良後的新作法，完成閃爍效果。

原本預測的做法

選取 彩色燈 1 顯示 □ 開啟

等待 0.5 秒 ▼

選取 彩色燈 1 顯示 □ 關閉

等待 0.5 秒 ▼

選取 彩色燈 1 顯示 □ 開啟

等待 0.5 秒 ▼

選取 彩色燈 1 顯示 □ 關閉

等待 0.5 秒 ▼

選取 彩色燈 1 顯示 □ 開啟

等待 0.5 秒 ▼

選取 彩色燈 1 顯示 □ 關閉

等待 0.5 秒 ▼

改良後的作法

重複 3 次
執行

選取 彩色燈 1 顯示 □ 開啟

等待 0.5 秒 ▼

選取 彩色燈 1 顯示 □ 關閉

等待 0.5 秒 ▼

完成了！我們成功讓 1 號燈
像手電筒一樣閃爍 3 次了！

迴圈

P.A.R.T.3 實驗

實踐新創意！

快看！我還用這兩種方塊想出一個新的燈光效果喔！
小朋友，那你呢？你的新點子是什麼？

重複 20 次
執行
　選取　彩色燈 1 顯示 ▢ 開啟
　等待 1 秒 ▼
　選取　彩色燈 1 顯示 ▨ 開啟
　等待 1 秒 ▼

小朋友，現在你已經了解該怎麼用 **PyCode** 方塊
做出燈光效果了，讓我們和小波、莉莉一起點亮
房間門口的「跑馬燈」吧！

53

敲敲門，亮亮燈！

小波和莉莉準備開始設計訊息板上的燈光，利用不同的顏色、文字和圖樣來傳遞訊息。小朋友，快和他們一起設計屬於自己的燈光效果吧！

小波的燈光訊息

1. 確認任務目標：小波想讓訊息板上的燈光怎麼亮？

> 我想讓兩種訊息輪流出現！綠色勾勾表示「歡迎參觀我的房間」，紅色叉叉則表示「禁止進入」！每種出現 **3** 秒，總共重複 **10** 次。

 3 秒 3 秒

重複**10**次

41	42	43	44	45	46	47	48	49	50
40	39	38	37	36	35	34	33	32	31
21	22	23	24	25	26	27	28	29	30
20	19	18	17	16	15	14	13	12	11
1	2	3	4	5	6	7	8	9	10

41	42	43	44	45	46	47	48	49	50
40	39	38	37	36	35	34	33	32	31
21	22	23	24	25	26	27	28	29	30
20	19	18	17	16	15	14	13	12	11
1	2	3	4	5	6	7	8	9	10

2. 達成目標的方式：

想一想，如何用 **PyCode** 達成目標？

要讓燈光排成特殊的符號，小波可以怎麼做？

◆ 使用彩色燈方塊組合：
- 依照格子紙上設計好的圖案和燈號，將每個會使用到的燈號記下來。
- 將彩色燈方塊與「開啟」組成一組後，依序完成所有燈號組合，拼接起來即可。

◆ 使用陣列彩色燈方塊組合：
- 設定適當長、寬的陣列彩色燈方塊，並一次將所有會用到的燈號設定完成。

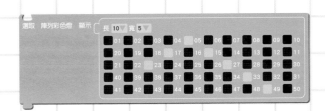

◆ 搭配使用彩色燈方塊和陣列彩色燈方塊組合：
- 部分燈號使用陣列方塊。
- 部分燈號使用個別的彩色燈方塊。

3. 進行實驗：

將所有 **PyCode** 方塊組合完成後，

按下 ▶ ，確認燈光效果。
執行

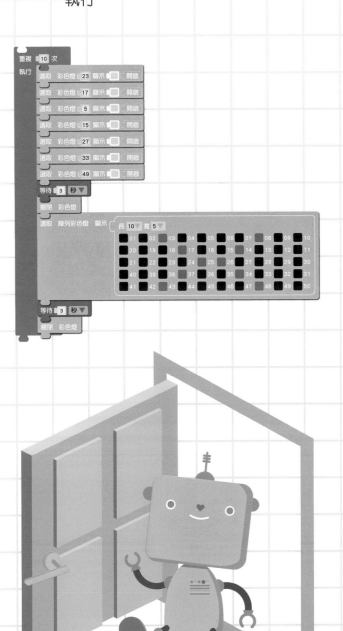

55

莉莉的燈光訊息

1. 確認任務目標：莉莉想讓訊息板上的燈光怎麼亮？

我想在訊息板上顯示藍色的英文名字「**Lily**」，而且名字要從右邊慢慢跑出來，像展覽出口的跑馬燈那樣！

想做出跑馬燈的效果，可以利用「逐格動畫」的方式，讓文字由右邊往左邊一格一格慢慢跑出來！想想看，可以怎麼做？

Lily

1	2	3	4	5	6	7	8	9	10
20	19	18	17	16	15	14	13	12	11
21	22	23	24	25	26	27	28	29	30
40	39	38	37	36	35	34	33	32	31
41	42	43	44	45	46	47	48	49	50

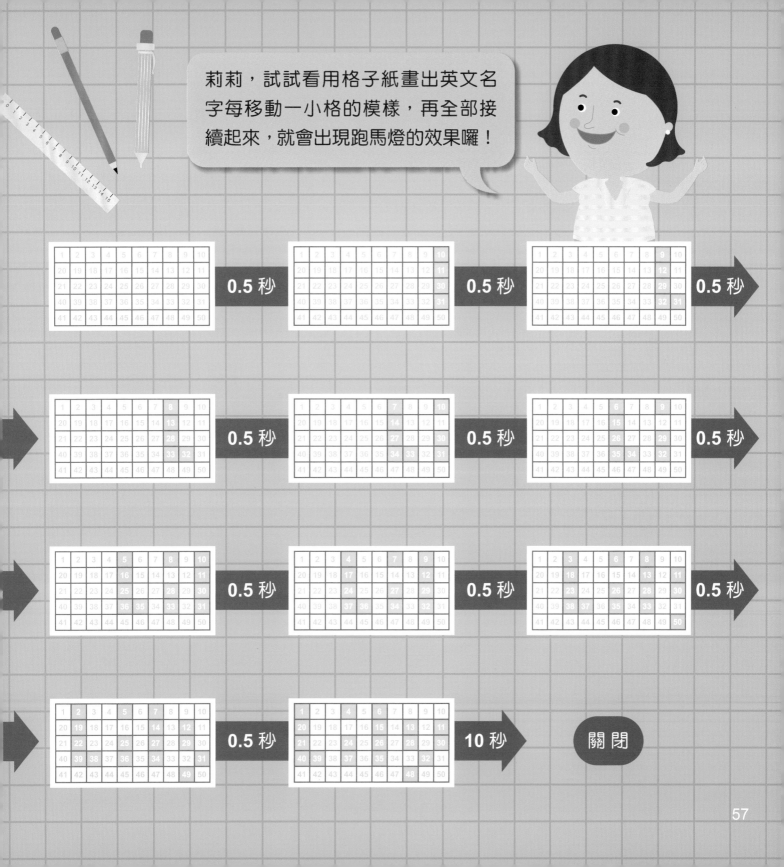

莉莉，試試看用格子紙畫出英文名字每移動一小格的模樣，再全部接續起來，就會出現跑馬燈的效果囉！

0.5 秒

0.5 秒

0.5 秒

0.5 秒

0.5 秒

0.5 秒

0.5 秒

0.5 秒

0.5 秒

0.5 秒

10 秒

關閉

2. 達成目標的方式：

想一想，如何用 **PyCode** 達成目標？

◆ 想讓英文名字的燈光，從右邊一格
一格跑出來，莉莉可以怎麼做？

· 先用陣列彩色燈組合，將想要燈光顯示
的圖形和顏色設定好。 ∙∙∙∙∙∙∙∙∙∙∙∙∙∙∙∙∙∙∙∙∙∙∙∙∙∙
· 使用等待方塊，設定時間 **0.5** 秒，接在陣
列彩色燈組合的下方。 ∙∙∙∙∙∙∙∙∙∙∙∙∙∙∙∙∙∙∙∙∙∙∙∙∙∙
· 接著，關閉彩色燈後，再接續下一個陣
列彩色燈，依此類推。 ∙∙∙∙∙∙∙∙∙∙∙∙∙∙∙∙∙∙

◆ 想讓燈光效果結束後關燈，莉莉可
以怎麼做？

· 完成所有陣列彩色燈後，設定時間 **10** 秒，
顯示完整的英文名字後，再關閉彩色燈。

3. 進行實驗：

將所有 **PyCode** 方塊組合完成後，

按下 ▶ ，確認燈光效果。
執行

哇！我的名
字出現了！

58

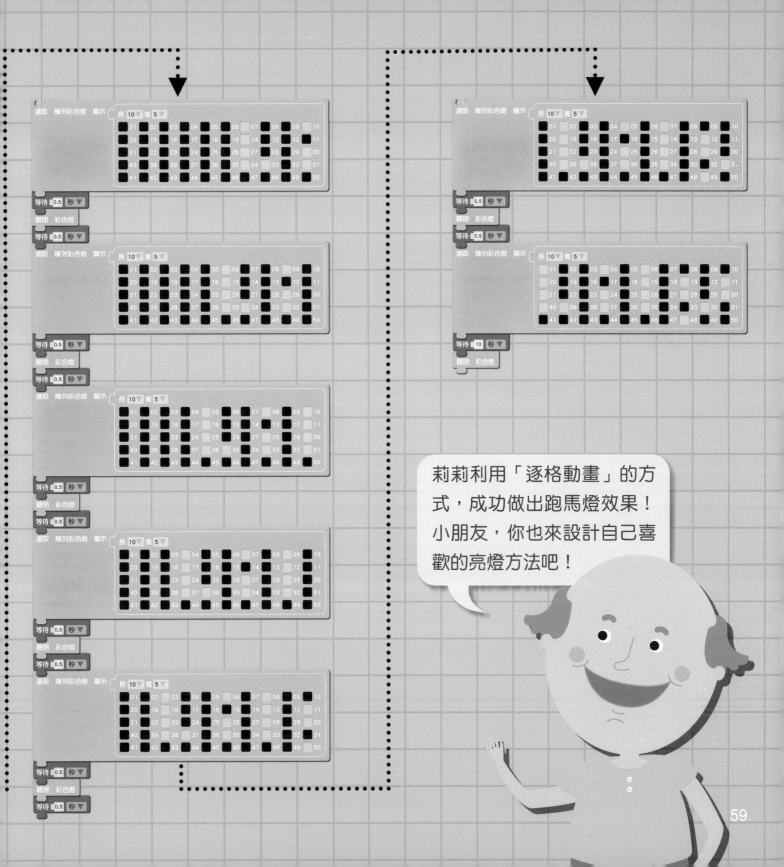

莉莉利用「逐格動畫」的方式，成功做出跑馬燈效果！小朋友，你也來設計自己喜歡的亮燈方法吧！

跑馬燈設計 大挑戰

小波的爸爸和媽媽也想要設計屬於自己的燈箱訊息,媽媽想要有一個當做指引的箭頭符號,爸爸想要挑戰用燈箱表達 OK !想想看,如果是你,你會怎麼做呢?

◆ 首先,先準備一張白紙,還有一支筆,畫出 10*5 的空白方格。
◆ 接著,我們在方格上列出編號,編號順序要跟彩色燈的編排相符。

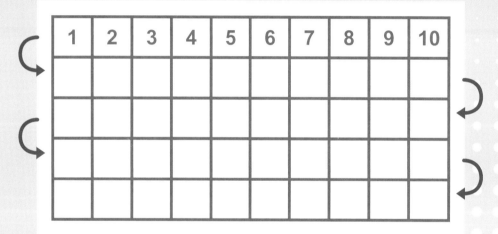

1	2	3	4	5	6	7	8	9	10

小提醒:我們可以在不同的位子,設置 1 號燈,也就是起點。

◆ 最後，試著劃出你想呈現的圖樣吧！

1	2	3	4	5	6	7	8	9	10
20	19	18	17	16	15	14	13	12	11
21	22	23	24	25	26	27	28	29	30
40	39	38	37	36	35	34	33	32	31
41	42	43	44	45	46	47	48	49	50

1	2	3	4	5	6	7	8	9	10
20	19	18	17	16	15	14	13	12	11
21	22	23	24	25	26	27	28	29	30
40	39	38	37	36	35	34	33	32	31
41	42	43	44	45	46	47	48	49	50

1	2	3	4	5	6	7	8	9	10
20	19	18	17	16	15	14	13	12	11
21	22	23	24	25	26	27	28	29	30
40	39	38	37	36	35	34	33	32	31
41	42	43	44	45	46	47	48	49	50

現在我們畫出圖案了，
趕快用 PyCode 寫下
正確的編程指令吧！

任務 1：媽媽的左箭頭

1	2	3	4	5	6	7	8	9	10
20	19	18	17	16	15	14	13	12	11
21	22	23	24	25	26	27	28	29	30
40	39	38	37	36	35	34	33	32	31
41	42	43	44	45	46	47	48	49	50

任務 2：媽媽的右箭頭跑馬燈

 0.5 秒  0.5 秒 ... 0.5 秒

  0.5 秒 ... 0.5 秒 ... 0.5 秒

  0.5 秒  0.5 秒 ... 0.5 秒

 ... 0.5 秒 ... 0.5 秒 關閉

任務 ③ ：爸爸的閃爍 OK 跑馬燈

這次我們想先亮出 **OK**，再開始往右移動，做出跑馬燈效果。

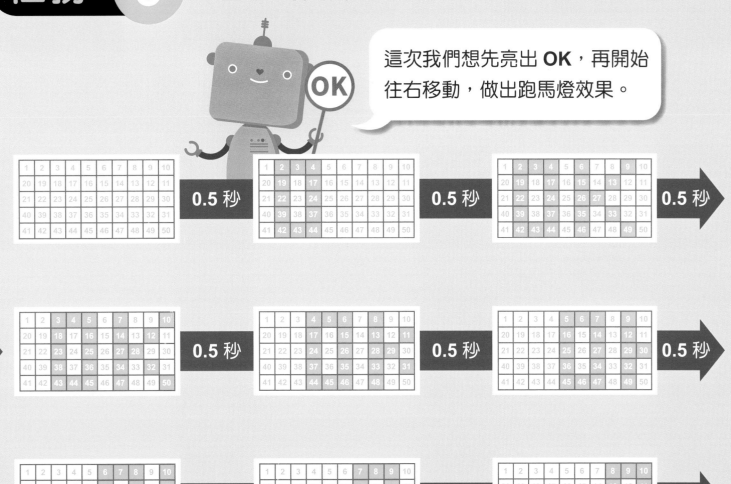

關 閉

「完成了！」小波和莉莉看著燈箱訊息上不斷變化的燈光，兩個人開心得又叫又跳。

　　派奇說：「我們趕快把燈箱掛在房間門口吧！」兄妹倆一點亮燈光效果，長輩們都忍不住鼓起掌來，莉莉開心地說：「跑馬燈上有我的名字，這樣大家就知道我的房間在這裡了！很方便吧？」

　　「我的也很厲害喔！」小波接著說：「以後大家要到房間找我時，不用敲門，看燈光訊息就知道了！」

　　媽媽笑著說：「真棒！謝謝你們的協助，我跟爸爸也有屬於自己的燈箱了呢！」爸爸接著開心的說道：「真是太棒了！我們每個人都發揮創意，挑戰成功，今天晚上就吃烤肉大餐慶祝吧！」

你是不是也這樣做呢？

任務 1: 媽媽的左箭頭

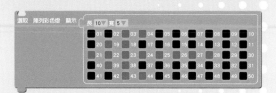

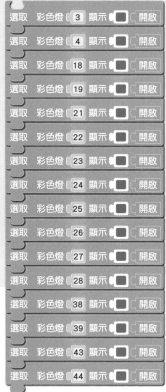

任務 2: 媽媽的右箭頭跑馬燈

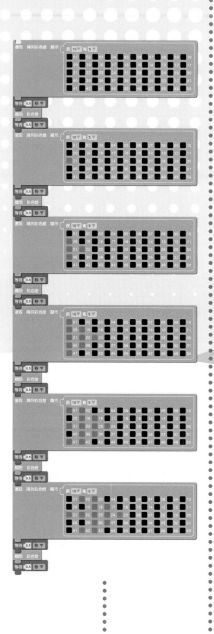

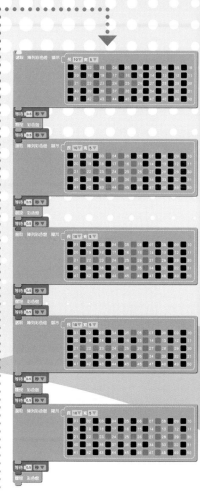

66

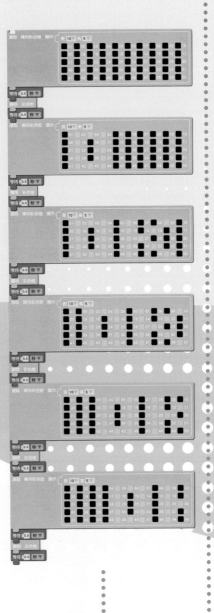

燈光訊息設計僅供參考，可依照喜好設計！

OK

推薦文

Pixel Jeff 皮傑 ｜知名像素插畫家

　　以往我們對藝術的認知，只有傳統美術技法，例如素描、水彩，油畫等。但隨著數位科技的進步，我們將「傳統美學」套入了現今的技術，產生了「數位藝術」，人們欣賞的美感也有所增添。即使現今還是有人會質疑「數位藝術」是否為「藝術」？我認為只要用不同的技法、不同的材料質感，來詮釋我想表達的作品，就是創作的表現。

　　書中一章節提到了「像素」之原理，身為像素插畫家感到滿開心，在兒童書籍就能認識到數位畫面，是由最基本的單元體所組成，因為舊時代的電腦技術有限，能呈現的「像素格」較簡易，簡簡單單的方塊格，卻影響了當年的電腦介面和遊戲美術，成為一代人的回憶。

　　如今像素畫已變成復古潮流的代表之一，運用新的電腦繪圖技術，復刻了當時的像素風格，甚至重新詮釋了「像素美術 Pixel Art」的定義，讓眾人不只是聯想到電動玩具，而是另一種插畫美學風格。

　　《小小色彩藝術家 2- 奇幻 e 術展》帶領孩童認識了「數位藝術」的巧妙，以科學角度來探索科技的美感，突破對數位「冰冷」的思想，將新技術融入孩童的創意，並將它發揮至極致！

張原禎  新北市德音國小自然教師

　　雖說當前的時代，「數位科技」隨時可見、隨手可得，然而對於不同年齡的學童，尤其是幼小的孩子們，仍必須用他們能夠理解的圖像、文字，結合生活實例來介紹，讓他們在體驗科技產品功能表現的同時，也藉由對原理的理解、實際動手嘗試，進一步激發更多想像與創造力，同時也養成好的應用科技態度與習慣。這本《小小色彩藝術家 2 －奇幻 e 術展》就為孩子們開啟了這樣一道門。

　　故事中主人翁與家人、機器人的對話，在看展後延伸到生活裡的探究與實做，對比人腦、眼睛視覺的感知體驗，與電腦視覺演算法的異同，進一步探討人與機器合作的應用設計。例如我們生活中常見的智慧停車場，就是最佳案例。

　　藉著書中圖畫、文字對話介紹，再到實際操作，組裝七彩跑馬燈，加上平板 APP 的編程積木，可以持續地動手試驗、調控進而達成設計目標，這樣的生活實用「演算法」實踐，同時整合了運算思維、設計思維能力的習得與展現。

　　從認知、技能、情境的綜合素養教學目標來看，這樣的產品（書本、手作與編程 APP）規劃，也推薦老師可以參考運用來設計教學，引導學生實做、發揮創意喔！

酷玩 科學實作

創意手作 x 生活科技 x 雙倍好玩

獨家設計全彩卡紙手作教具　臺灣在地品牌專業電子教具

和孩子一起動動手，共度美好親子時光

酷玩光影Show

掃描 QRCODE
有影片喔！

◎ 認識亮麗的星空　◎ 地球公轉怎麼轉？

◎ 螢火蟲在哪裡？　◎ 影子玩遊戲

酷玩Lights

掃描 QRCODE
有影片喔！

◎ 認識照明歷史　◎ AI 人工智慧的應用

◎ 紅燈停綠燈行　◎ 學習與電腦說話

螢光點點趣

到野外露營，我們會看見又大又圓的月亮、燦爛的星空，還有草叢中閃閃發光的螢火蟲，大自然的美麗令人讚嘆不已！點點微光照亮了黑暗的環境，一起了解光線的奧妙，動動巧手用燈光和程式，點亮美好的露營回憶吧！

重溫露營 - 營火組合

親子這樣玩

悠閒的假日，全家人開車出門。隨著夜色降臨，街上有好多閃亮的事物－商店招牌、路燈、紅綠燈，各自都有獨特的發光方式。為麼會有這麼多種燈？影子又為什麼會不斷改變位置和形狀呢？一起觀察街道不同的面貌吧！

停看聽 - 交通組合

閃電秀達人

房間裡忽然一片漆黑！屋外風雨交加、雷聲大作、閃電頻頻。床頭燈、書桌燈甚至房間大燈，竟然全部不會亮－原來是停電了！為什麼少了陽光或電燈的時候，房間裡會伸手不見五指？轉轉腦袋，試著在黑暗中點亮一盞明燈吧！

點點燈 - 閃電組合

夢想心樂園

開心地來到玩具店挑選生日禮物 … 沒想到，這正是一場奇遇的開端！偶遇了會說話的機器人，聰明的它不只會打招呼，還能幫客人介紹喜歡的玩具，一起加入這場特別的經歷，探索箇中奧秘，體驗 AI 的神奇之處吧！

歡樂屋 - 玩具店組合

PyCode 好朋友

如何讓手作亮起來？首先要學會用電腦能夠理解的語言下指令。PyCode 是專為孩子量身打造的程式編寫工具，也是學習 Python 的啟蒙基礎，讓孩子透過方塊指令，輕鬆開啟和電腦的對話，將自己的創意無限發揮。

全套明細

酷玩光影 Show 手作雙組：

■ 重溫露營 - 營火組合　　■ 點點燈 - 閃電組合

長 23x 寬 26x 高 26 cm　　長 23x 寬 26x 高 26 cm

其他：
● 保固卡　● 操作手冊　● 產品使用說明書

電子教具：
● 主機板 x1
● 電池盒 x1
● USB 連接線 x1
● 連接線 20cm x8、10cm x3、5cm x3
● 單顆 LED 彩色燈 x12
● 雙顆 LED 彩色燈 x2

主機板　　電池盒　　連接線　　LED 彩色燈　　USB 連接線

酷玩 Lights 手作雙組：

停看聽 - 交通組合　　歡樂屋 - 玩具店組合

長 23x 寬 26x 高 26 cm　　長 23x 寬 26x 高 26 cm

其他：
● 保固卡　● 操作手冊　● 產品使用說明書

電子教具：
● 主機板 x1
● 電池盒 x1
● USB 連接線 x1
● 連接線 25cm x2 / 20cm x4 / 5cm x5
● 單顆 LED 彩色燈 x9
● 雙顆 LED 彩色燈 x1
● 參顆 LED 彩色燈 x1

主機板　　電池盒　　連接線　　LED 彩色燈　　USB 連接線

可另購知識書　歡迎洽詢各大通路

● 小小光線設計師：**快樂露營去**
● 小小光線設計師：**停電驚魂記**
● 小小光線設計師：**上街兜兜風**
● 小小光線設計師：**玩具店也瘋狂**

AI 科學玩創意

小小色彩藝術家 2——奇幻 e 術展

AI 科學系列：AISA0008

作　　者：王一雅、顏嘉成

繪　　者：張芸荃

責任編輯：陳照宇

美術設計：張芸荃

策　　劃：目川文化編輯小組

科技顧問：趙宏仁

程式審稿：吳奇峯

教學顧問：翁慧琦

出版發行：目川文化數位股份有限公司

總 經 理：陳世芳

總 編 輯：林筱恬

美術指導：巫武茂

發行業務：劉曉珍

法律顧問：元大法律事務所　黃俊雄律師

地　　址：桃園市中壢區文發路 365 號 13 樓

電　　話：(03) 287-1448

傳　　真：(03) 287-0486

電子信箱：**service@kidsworld123.com**

網路商店：**www.kidsworld123.com**

粉絲專頁：**FB「目川文化」**

電子教具：泓鉅科技股份有限公司

印刷製版：長榮彩色印刷有限公司

總 經 銷：聯合發行股份有限公司

電　　話：(02) 2917-8022

出版日期：**2022 年 10 月**

ＩＳＢＮ：**9786269594603**

書　　號：AISA0008

售　　價：**480 元**

小小色彩藝術家：奇幻 e 術展 / 王一雅，顏嘉成作 . -- 桃園市 : 目川文化數位股份有限公司 , 2022.10

72 面 ; 22x23 公分 . -- (AI 科學玩創意)(AI 科學系列；AISA0008)

ISBN 978-626-95946-0-3(平裝)

1.CST: 電腦教育　2.CST: 電腦程式設計　3.CST: 電腦視覺　4.CST: 初等教育

523.38　　　　　　　　　　　　　111004357